Les
Inondations de Paris
A TRAVERS LES AGES

(CITÉ ET MARAIS)

Notice accompagnée de 18 illustrations

En vente au bénéfice des Inondés

PRIX : 1 fr. 50

PARIS (IXe)

H. DARAGON, LIBRAIRE-ÉDITEUR

96-98, Rue Blanche, 96-98

—

MDCCCCX

Vient de paraître

LES INONDATIONS DE PARIS A TRAVERS LES AGES

(Cité et Marais) - 1 vol.in 8° -
18 illustrations - H.Laragon,Editeur
96-98 Rue Blanche - Franco 1,50

Le premier chapitre de cette brochure encore toute l'actualité va de la "Fondation de Lutèce et se continue jusqu'à l'An Mille et mentionne les inondations de 814-341 et 886 - Au XIIe siècle l'hiver de 1119 et celui de 1125,1175 et 1196 sont cités de même que du XIII au XIXe siècle les érudits auteurs mentionnent avec pièces à l'appui les inondations de 1205, 1220,1235,1210,1242,1296,1301, 1306,1526,1407,1114,1426,1431,1420, 1433,1497,1523,1527,1564,1583,1551, 1599- De 1610 à 1700 on ne compte pas moins de 15 crues mais la plus terrible de ce siècle fut celle de 1658 puis ce sont les crues de 1726 de 1740, de 1764 1802 1807, de 1136, de 1156 qui inonda les quais, celle de 1876 qui est la plus forte, puis celle de 1880. Enfin le travail des membres érudits de la Cité se termine par la fameuse crue de 1910 avec 8 illustrations inédites

Dans un but fort louable MM.Callet, Hartmann, Henri Martin, Henri Quentin, Paul d'Estrée, et Van Geluwe, auteurs de cette historique brochure ont décidé que le produit de la vente de ce travail, publié dans la Bibliothèque du Vieux Paris serait versé à la caisse des sinistrés.
A ce double point de vue ce travail est recommandé à tous nos . lecteurs

LES INONDATIONS DE PARIS

A TRAVERS LES AGES

(Cité et Marais)

NOTICE ACCOMPAGNÉE DE 18 ILLUSTRATIONS
PUBLIÉE PAR LA SOCIÉTÉ HISTORIQUE ET ARCHÉOLOGIQUE
DES III° ET IV° ARRONDISSEMENTS, LA CITÉ

En vente, au bénéfice des inondés

Prix : 1 fr. 50

H. DARAGON, Libraire-Éditeur
96-98, Rue Blanche, 96-98
PARIS (IX°)

1910

Publications de la Société Historique et Archéologique du IV° Arrondissement de Paris « La Cité »

Bulletins trimestriels de la Société, depuis Janvier 1903

Brochures d'articles extraits de ces Bulletins :

Nous venons de vivre de longues heures de sinistre cauchemar ; toute une ville, et quelle, *Paris, Capitale du Monde*, comme on l'appelait déjà au moyen âge, haletante dans l'angoisse de ces catastrophes, dont le souvenir se perpétue à travers les âges, la terreur de voir notre Paris de Lumière et de Gloire enseveli sous un limon immonde et infect, notre Seine, cette rivière au bord de laquelle M⁻ᵉ Deshoulières faisait paître ses brebis, que l'éminent historien de Paris, Ed. Fournier, appelait « clémente, égale et facile », lassée de son vieux renom de douceur et de tranquillité, se ruant à l'assaut de la Cité, envahissant les rues et les carrefours, minant les sous-sols, sourdant des égouts, inondant de ses cataractes impures les fondations de nos maisons, de nos vieux palais, roulant des épaves sans nom et semant partout l'épouvante, la misère et la mort.

Des quartiers sans lumière et sans pain, des familles fuyant devant le fleuve en courroux, l'effroi grandissant d'heure en heure, et toujours, sans répit ni sans trève, la montée lente, sournoise, inexorable d'un fleuve dont rien ne peut arrêter le flot envahisseur. Les forces aveugles de la nature indomptable, que l'homme tente en vain de discipliner à sa guise et de maîtriser à son gré, se rebellent et le frappent à l'improviste.

Le mois de janvier 1910 restera comme une date néfaste, comme un des plus lugubres souvenirs de ruines et de deuil dans les annales de Paris, cette Cité dolente, qui n'en est plus à compter les désastres, famines, pestes, sièges, bombardements, massacres qu'elle a eus à subir au cours de son histoire.

A mesure que le désastre grandissait, les dévouements se multipliaient, et quels nobles élans de bravoure, d'héroïsme, de désintéressement, d'abnégation ! Jamais l'affolement, jamais la panique ne se sont fait sentir.

Unissons dans un même tribu d'admiration pour cette superbe

vaillance, ces soldats, ces sauveteurs improvisés, ces marins qui avec un tranquille héroïsme ont lutté sans défaillances, ces dames de la Croix-Rouge qui ont quitté leurs foyers pour aller, vaillantes et charmantes, panser les plaies, tremper des soupes et réconforter d'un doux sourire, d'une consolante parole, les malheureux.

« La Cité », qui a tant à cœur l'amour de son vieux Paris, a voulu, dans sa faible mesure, apporter son obole et contribuer à soulager ces infortunes et son Comité a décidé qu'une brochure serait publiée, formant un recueil des inondations qui ont ravagé Paris à travers les âges, relatant les récits contemporains de ces sinistres et a chargé plusieurs de ses membres : MM. Henry Martin, Albert Callet, Hartmann, Henri Quentin, Paul d'Estrée et Van Geluwe, de rechercher dans les ouvrages les mémoires, les manuscrits où se trouvent enfouis et disséminés les détails relatifs à ces grandes calamités.

C'est cette œuvre que nous présentons aujourd'hui à nos lecteurs et pour laquelle nous demandons toute leur indulgence.

Les documents anciens sont avares de détails sur ces désastres qu'ils considéraient comme une manifestation de la colère de Dieu et auxquels ils ne cherchaient d'autres causes.

Notre travail porte uniquement sur les ravages subis par les îles de la Cité, Saint-Louis et les rives de la Seine dans les limites des IIIe et IVe arrondissements.

A. CALLET

LES
INONDATIONS DE PARIS
A TRAVERS LES AGES

De la Fondation de Lutèce à l'an Mille

Entre la première inondation de Paris dont l'histoire ait conservé le souvenir et celle que nous voyons aujourd'hui prendre les propor-tions d'un désastre, que de fois le fleuve a offert le spectacle grandiose, émouvant et terrible d'une crue anormale ! Sauval, qui mourut en 1676, écrivait déjà dans ses *Antiquités de Paris* : « Encore que j'aie découvert plus de quarante de ces débordements, je ne puis assurer que ce soit tout. »

L'empereur Julien dans son *Misopogon* dit qu'il était rare que la Seine se ressentît beaucoup des pluies de l'hiver et de la sécheresse de l'été, ce qui ne veut pas dire, comme l'ont prétendu plusieurs historiens, que la Seine ne débordait jamais et que sous la domination romaine il n'y eut pas d'inondations.

La première inondation connue d'une manière authentique qui affligea Paris remonte à l'année 583. Grégoire de Tours dans son *Historia Francorum* raconte qu'en la huitième année du règne de Childebert II les eaux de « la rivière Séquanaise grandirent au delà de la coutume ». Il survint alors un tel débordement que le « Marais » de la rive droite était le lit même du fleuve et qu'entre la « Cité et la basilique Saint-Laurent » de nombreux naufrages eurent lieu (1).

Deux siècles s'écoulent ensuite sans qu'aucune mention soit faite dans les annales parisiennes du moindre vestige d'inondation. Enginhard nous apprend sans aucun détail que de grandes pluies firent en 820 et 821 déborder la rivière.

L'auteur anonyme de la *Vie et des Miracles de sainte Geneviève* raconte comment en 814 sous Louis le Débonnaire, « Dieu voulut punir le peuple de Paris par l'élément de l'eau, il envoya une telle inondation et débord de la rivière de Seine que jamais n'en fust veu un tel

1. La formation géologique du sous-sol parisien permet aisément de comprendre ce phénomène.

La Seine, aux temps quaternaires où les pluies étaient abondantes dans notre région, s'est creusé un lit dans les calcaires grossiers et les gypses qui constituent le sol superficiel ancien. Ce lit est borné au nord par les hauteurs de Ménilmontant, de Belleville, de Montmartre et de Passy, qui forment un grand arc de cercle incurvé vers le sud. Il est limité de l'autre côté par les hauteurs du Panthéon.

La Seine dans ce lit, a roulé toutes les matières entraînées par les eaux pluviales et provenant des vallées du bassin supérieur du fleuve. Aux périodes les plus anciennes, il s'est déposé de très gros graviers. C'est ainsi qu'il y a trois ans environ, dans les fouilles d'un grand immeuble du boulevard Haussmann, on a rencontré un bloc volumineux de bois pétrifié. Plus tard, quand notre climat s'est modifié et que les pluies sont devenues moins torrentielles, les graviers roulés ont diminué de volume. Ensuite des dépôts de sables fins et de terres limoneuses se sont formés, qui ont à peu près émergé et ont constitué dans l'anse formée par la Seine, au pied de Belleville et de Montmartre, des îles assez nombreuses. De ces îles, il ne reste plus que deux : l'île Saint-Louis, la Cité, les autres ayant été successivement, au cours des derniers siècles, incorporées au sol des deux rives.

La plus grande de ces dernières îles, qui n'avait pas reçu de nom et qui forme aujourd'hui le cœur même de la ville, s'étendait depuis la Bastille jusqu'à la place de l'Alma et entre les quais de la rive droite actuelle et les hauteurs du nord de Paris. Elle était circonscrite par un grand bras de la Seine, dont la ligne médiane passait par le bassin de l'Arsenal, la rue Amelot, la place de la République et les rues du Château-d'Eau, Richer, de Provence, des Saussaies et l'avenue Montaigne. Ce bras de Seine s'est peu à peu colmaté. Au cours du moyen âge et au commencement du xviii° siècle, il était cultivé en marais. Dans une grande crue qui a eu lieu au vi° siècle et dont parle Grégoire de Tours, des bateaux sont venus s'échouer au pied de l'église Saint-Laurent. La Grange-Batelière rappelle qu'au temps des hautes eaux on naviguait en cet endroit comme, en ces jours derniers, dans les parages de la place de Rome.

Sur cette grande île, qu'on pourrait appeler l'île Saint-Martin, s'est développé le Paris de Philippe-Auguste et de Louis XIV. Plus tard, la grande cité a dû empiéter sur le marais qui a été progressivement comblé, et à la place des hôtels et des folies du xviii° siècle, ont été édifiées, dans la seconde moitié du siècle dernier, les maisons luxueuses des quartiers de la Trinité, de la gare Saint-Lazare et de Saint-Augustin.

de sorte qu'il sembloit que toute la ville fust submergée et ne pouvoit-on y aller sinon en bateau ».

« Un nommé Richard alla par bateau jusqu'à un monastère de religieuses qui était auprès de Saint-Jean où se gardait le lict auquel Sainte-Geneviève avait rendu son glorieux esprit à Dieu le Créateur. Les eaux qui s'étaient élevées jusqu'à la moitié du bastiment voguoyent autour de ce lieu sans aucunement le toucher... La rivière ensuite allant en diminution rentra en ses propres bornes et limites (1). »

En 841, Charles le Chauve, marchant contre son frère Lothaire, ne put avancer, « le fleuve étoit débordé et l'extrême difficulté du passage jeta ceux qui désiroient si ardemment de le traverser dans une grande inquiétude ».

En 886, lors du siège de Paris par les Normands il arriva un grand débordement : « Tout à coup (2) pendant le silence de la nuit le milieu du pont s'écroula entraîné par le courroux des ondes furieuses, qui s'enflent et débordent. La Seine avait étendu de tous côtés les limites de son humide empire et couvrait les vastes plaines des débris du pont qui du côté du Midi ne portait que sur un point où le fleuve s'abîme dans un gouffre ». Au mois de mars, le fleuve déborda de nouveau ; au milieu des récits des combats héroïques que soutiennent les bourgeois de Paris contre les Normands, le chroniqueur s'écrie : « La Seine nous prêtant son concours, enfle ses ondes, engloutit au fond de ses abîmes ces malheureux. »

XIIe Siècle

C'est à partir de ce siècle qu'on commence à suivre avec certitude la série des inondations. Nos vieux chroniqueurs enregistrent avec plus de régularité et plus de détails les désastres qu'occasionnait la rivière en fureur au cœur de Paris.

« Durant l'hiver de 1119, écrit un vieil annaliste, il tomba des pluies excessives, les Parisiens virent des gouffres énormes que les fureurs de la Seine débordée creusèrent dans leurs demeures et leurs maisons. »

---

1. Les Haudriettes, Saint-Jean-en-Grève.
2. Abbon.

En 1125, l'hiver fut très rigoureux et à partir du mois de mars de cette année « une grande pluie tomba continuellement pendant plusieurs mois et noya presque entièrement la semence dans les champs ».

Les annalistes signalent des crues périodiques de la Seine au cours de l'année 1175 avec leurs cortèges ordinaires de ruines et de désastres.

En 1196, grande et terrible inondation que Rigord raconte :

« L'an du Seigneur 1196, au mois de mars, il y eut des débordements de la rivière qui submergèrent, dans plusieurs endroits des villages entiers avec leurs habitants, et rompirent les ponts de la Seine. Le clergé et le peuple de Dieu, à la vue des signes et des prodiges qui les menaçaient dans le ciel et sur la terre, craignirent un second déluge ; et le peuple fidèle se mit en dévotion avec des gémissements, des larmes et des soupirs. On faisait des processions, à pieds nus ;... Le roi Philippe suivit lui-même ces processions comme le plus humble de ses sujets avec des larmes et des soupirs. Le Saint Couvent du bienheureux Denis portant le saint clou du Seigneur, avec la couronne d'épines et le bras du saint vieillard Siméon, bénit les eaux en croix et dit : « Au nom du signe de la sainte Passion, que le Seigneur ramène ces eaux dans leur lit. » Et en effet, quelques jours après la colère de Dieu fut apaisée et les eaux rentrèrent dans leur lit. Elles atteignirent sans doute une élévation considérable, car le roi fut obligé pour s'y soustraire, d'abandonner son palais de la Cité ; il alla se réfugier avec son fils à l'abbaye de Sainte-Geneviève, tandis que l'évêque de Paris, Maurice de Sully, cherchait un abri dans celle de Saint-Victor. »

L'eau atteignit quatre pieds dans la Cité et se répandit jusqu'aux barrières de l'enceinte et monta jusqu'aux stalles qui ornaient le pourtour extérieur de Notre-Dame. L'inscription suivante rappela longtemps ce dernier détail :

Nos cotes crottées décrottées furent
Et nos faces trop mieux en furent.

« Les ponts furent emportés. La Seine charriait des cabanes dans lesquelles il y avait des morts et des arbres entiers qui formèrent bientôt un barrage lequel rejetait les eaux des deux côtés de la rive avec une violence inouïe et un bruit de cataracte.

Cette inondation dura seize jours et réduisit à la famine les habitants de la Cité ».

XIIIᵉ Siècle

« En 1206, écrit *Orderic Vital*, la pauvre ville de Paris, chef de ce royaume estoit affligée d'un tel déluge qu'on ne pouvoit presque aller par les rues, sinon par bateau, de sorte qu'une bonne partie de ses édifices et bastiments on voyait abattus, les autres en grand bransle, et prests à estre demolis et bouleversez par l'impétuosité et violence des flots, brief c'estoit une telle misère et calamité qu'on eust sceu guère voir le mémoire d'hommes jusques à la ce que le petit pont quoi qu'il fust de pierre forte, estoit nonobstant tellement esbranlé que l'on attendoit austre chose sinon qu'il vint à cheoir, on descendit la châsse de Sainte-Geneviève et on la porta en l'église Notre-Dame, comme de coustume, contre un tel danger afin que comme un Moyse elle servit de mur et de rempart entre Dieu et son peuple ».

L'eau monta jusqu'au deuxième étage des maisons de la Cité. En 1219 « par la fureur des vents qui soufflaient de l'Occident le fleuve s'enfla démesurément, les flots remontèrent et, à Paris, un nombre infini de maisons furent détruites. »

Les années 1220, 1235, 1240 et 1242 virent des inondations sur lesquelles il reste très peu de documents. Mais elles furent surpassées en violence, en désastre par celles à jamais mémorables de 1281 et de 1296, sous le règne de Philippe le Bel.

Les *Chroniques de France* relatent la première en ce quatrain :

> L'an M. CC. et IIII vins
> Rompirent li pont de Paris,
> Pour Saînne qui crut à outrage
> Et fist en maindt lieu grand dommage.

On dut détruire les moulins flottants attachés au Grand Pont pour sauver celui-ci. Le Chapitre de Notre-Dame, propriétaire de ces moulins, fulmina contre le bureau de ville et suspendit les offices pour punir les échevins, auteurs de cette prescription de salut public.

Guillaume de Nangis, religieux de Saint-Denis, qui vivait à cette époque nous fournit à leur égard des renseignements dignes de foi. En parlant de la première il dit « que la Seine déborda tellement de son lit qu'elle remplit les deux principales arches du Grand Pont de Paris et une arche du Petit Pont. Elle entoura tellement la ville en dehors, que, du côté de Saint-Denis, on n'y pouvait entrer sans le secours des bateaux. Cette inondation dura jusqu'à la fête de l'Epiphanie ». Pour conserver le Grand Pont, le roi fit ruiner les moulins que le Chapitre de Saint-Merry et celui de Saint-Opportune avaient auprès et au-dessous. L'eau couvrait le terrain de l'Arsenal, des cultures de Sainte-Catherine, de Saint-Gervais, du Temple, de Saint-Martin, des Filles-Dieu, jusqu'au mur de l'enceinte de Philippe-Auguste.

Le Roi fit établir trois bacs : l'un conduisait du terrain Notre-Dame à la rue de Bièvre, l'autre de la rue des Bernardins à l'Ile Notre-Dame, le troisième de celle-ci au port Saint-Paul.

Le 20 décembre 1296 les eaux du fleuve s'élevèrent considérables et se répandirent en vagues furieuses dans presque toutes les rues de Paris, arrachèrent les portes de la ville et renversèrent le bâtiment du Petit Châtelet ; le Petit Pont et le Pont au Double quoique assez récemment bâtis en pierre menaçaient ruine. Trois bateaux furent sans cesse occupés à porter des vivres aux malheureux assiégés par les eaux. Un certain nombre furent emportés par le courant.

« C'était un spectacle navrant, écrit un chroniqueur du temps, de voir à l'approche des tempêtes et débâcles mille à douze cents familles se sauver emportant leurs meubles les plus précieux dans la crainte de voir s'effondrer leurs cases dans la rivière courroucée. »

Les maisons du Pont au Change avaient six et sept étages, celles du Petit Pont et du Pont Notre-Dame n'en avaient guère moins.

On peut estimer à près de 8.000 les artisans et boutiquiers qui logeaient sur ces ponts.

A cette époque le sol de Paris conservait son état primitif et n'avait pas encore éprouvé d'exhaussement. Les débordements de la Seine inondaient ses rues, emportaient ses ponts mal construits et dont la hauteur n'était pas calculée d'après l'élévation des grandes eaux.

Cette terrible inondation dura jusqu'aux premiers jours de janvier 1297.

Voici comment l'auteur de la *Chronique de Saint-Magloire* rapporte cet événement :

> Furent les iaux grans en décembre
> Si vilainement parcrues
> Qu'el alèrent parmi les rues
> Car pons et molins abatirent
> De Paris, de Meaux, d'autres villes
> . . . .
> Abatit l'iau maisons et caves
> Ne onques mais, si com je cuids
> Tel déluge home ne vit.
> Ne vit on si tel yver.
> Ne si felon, ne si dyver.

XIVe Siècle

En 1301 et 1303, débordements causés par la débâcle des glaces. En 1306 la Seine débordée fut prise par une gelée très forte. Lors de la fonte, les glaçons énormes que charriait le fleuve emportèrent des ponts, des maisons et des moulins au bas de la rue des Barres et près de la Grève, où plusieurs bateaux furent engloutis avec les pauvres gens qui y logeaient, ouvriers des ports, débardeurs, regrattiers.

En 1326, nouvelle débâcle de glace qui emporta les ponts de bois.

Gilles Corrozet nous apprend qu'en 1373 la Seine déborda et que pendant deux mois « on allait à Paris par basteaux en la rue Saint-Denis et de la rue Saint-Antoine jusques à Saint-Antoine-des-Champs et de la porte Saint-Honoré jusques au port de Nueilly. On attachoit les basteaux à la Croix Henron au-dessus de la place Maubert. »

Les registres du Parlement mentionnent à cette époque la réparation du Grand-Pont.

Les années 1384 et 1394 furent mémorables par de terribles débordements de la Seine. *Sauval* fait remarquer judicieusement« que plus on avance, plus il semble que les inondations se rendent remarquables non seulement qu'elles le soient plus que les autres mais parce que les historiens étant plus modernes ils sont plus grands parleurs. »

Le Grand-Pont de Paris
Miniature du commencement du xive siècle (de la Légende de Saint-Denis)

En effet, à partir du xve siècle, les débordements de la Seine se renouvellent fréquemment ; ils se succèdent à des courtes distances, et ceci est utile à bien constater.

XVe Siècle

1407 ! ce fut l'année du grand et terrible hiver qui imprima une si profonde épouvante au cœur et dans les souvenirs de nos pères, qui, souventes fois, au coin de l'âtre, en parlant des misères des temps,

Destruction du Petit-Pont par la crue, en 1407.

de la folie du Roi, du meurtre du duc d'Orléans, des malheurs de la France, entendirent les loups hurler la faim dans les rues du Marais.

La glace qui recouvrait la Seine sous l'influence d'un vent d'ouest furieux se disloqua avec un bruit terrible et une débâcle épouvantable lança les blocs de glace contre les pilotis et les ponts.

Le 31 janvier au matin le Petit Pont et le Pont Saint-Michel furent emportés par les eaux. Une partie des maisons du Grand Pont tombèrent le lendemain 1er février, et la crue envahit les rues adjacentes empêchant les communications avec l'Université et la ville; personne n'osait traverser la Cité en bateau. Le Parlement dut suspendre ses séances.

Nous extrayons du *Journal d'un bourgeois de Paris* sous Charles VI les curieux renseignements suivants au sujet des inondations dont il fut le témoin :

« 1411. Depuis la Toussainct jusques à Pasques ne fut oncques jour qu'il ne cheist (tombât de la pluie) de jour ou de nuyt, et dura la grande eaûe jusques en my avril, qu'on ne povait aller ès marez entre Saint-Anthoine et le Temple, ni dedans la ville, ni dehors. »

Ce siècle fut épouvantable. A la guerre civile, à la guerre étrangère se joignaient des calamités de toutes sortes, épidémies, peste, famine. De 1414 à 1493 des inondations ravagèrent Paris.

« En 1426, au mois de juing, suivant le récit *du Bourgeois de Paris,* furent les eaux si grandes par toute la France que la propre nuict de saint Jehan, quant le feu fut bien allumé et que les gens dansaient autour et que le feu fut abattu, la rivière creut tant qu'elle vint destaindre le feu... Après six jours, elle fut si démesurée qu'elle passa la croix de la place de Grève (aujourd'hui de l'Hôtel-de-Ville).

Et furent les marais de Paris plains d'eaue...
Pour ce, fut faicte une procession générale
Qui fut moult solennelle et piteuse (édifiante) ».

Le même Bourgeois nous apprend encore que « en cel an fut la rivière de Saine si très grande, cavà la Penthecoste le viiie jour de juing (1427) estoit la diete rivière à la Croix de Grève, et se tint en ce point jusques au bout des festes, et le jeudy elle crut de près de pié et demy de hault ; et fut l'isle Nostre-Dame couverte, et aux Ormetiaux qui sont deçà de l'autre costé de la rivière, devers l'église Saint-Paul, presque toute la terre estoit couverte. Et en ce tems faisoit on processions moult piteuses et dedans Paris et aux villaiges ».

« En 1431, il négeait nuyt et jour et avecques toujours il pleuvait o gela si asprement que la Saine qui estoit si grande comme jusqu- dedans la Mortellerie fut toute prinse de la gelée jusquesà *1432.* Le mois en suivant furent les eaux si fortes qu'elles couvrirent l'Ile Notre-Dame. La rue de la Mortellerie fut inondée jusqu'au premier étage ainsi que les maisons du pourtour Saint-Gervais. »

« Le dimanche en suivant (22 avril 1436), lisons-nous encore dans le même journal, fut faicte procession généralle très solempnellement pour rendre grâces à Dieu de l'heureuse entrée à Paris du connéta-ble de Richemont, prélude de l'entrée de Charles VII et du départ des Anglais et ce jour plut tant fort que la pluie ne cessa tant que la procession dura, qui dura bien IIII heures que aller que venir ; et furent les signeurs (chanoines) de Sainte-Geneviève moult agrevez de la pluie, car ilz estoient tous nudz piez, mais espécialement ceux qui portoient le précieux corps de Madame saincte Geneviève et saint Marcel orent moult de paine... et pour certain oncques nulz de tous ceux n'en fut oncques maumis, ne mallade, ne découragé, qui me semble droit miracle de Madame saincte Geneviève qui peut bien faire par ses mérites par devers Nostre-Seigneur et plus que tant, comme il appert, en sa sainte légende, comment par plusieurs foys elle a sauvé la bonne ville de Paris, l'une foys de cher temps, l'autre foys des grandes eaues et plusieurs autres périls. »

En 1480 « l'hiver commença tard mais le froid dura de Noël à février et fut si rude que les vieilles gens disaient qu'ils n'en avaient jamais senti un pareil. La Seine fut prise jusqu'à porter charrois, les bateaux furent détachés par les glaçons et emportés contre les ponts de Paris qu'ils ébranlèrent » (1).

En 1493, la Seine inonda les bas quartiers sur ses bords. La Grève, la Mortellerie, Saint-Jacques-la-Boucherie furent couverts d'eau et pour en conserver le souvenir on érigea sur le quai près du Châtelet, à la Vallée de Misère, un pilier portant une image de la *Vierge. Mère des Sept Douleurs,* au-dessous de laquelle était gravée ce quatrain :

> Mil quatre cens IIII vingts seize
> Le VII jour de janvier,
> Seyne fut ici à son aise,
> Battant le siége du pilier.

---

1. Sauval.

Nouvelles inondations en 1497, le pont Notre-Dame s'écroula entraînant les maisons qui le surmontaient : elles étaient au nombre de soixante-cinq.

Depuis longtemps déjà, on avait signalé le peu de solidité de ce pont, balafré de nombreuses lézardes et incapable de résister à une violente poussée des eaux. Le Parlement poussé par l'opinion publique fit écrouer à la Conciergerie, le prévôt des Marchands, les échevins en exercice, ceux de l'année précédente, le procureur du roi, le greffier et les deux receveurs de la ville. Ils furent condamnés à des amendes, dommages et intérêts, et à garder la prison jusqu'à ce qu'ils eussent satisfait à leur arrêt. Cent livres parisis furent prélevées sur l'amende pour faire dire un service solennel à Notre-Dame et autres œuvres pies pour le repos des âmes de ceux qui avaient trépassé dans ce naufrage.

En dehors de ces sanctions, le désastre fit sentir la nécessité d'exhausser le sol de la Cité et des quartiers bordant la rivière. Le travail s'exécuta rapidement ; et presque dans toutes les maisons de l'Ile et des entours du Châtelet et de l'Hôtel-de-Ville, les anciennes boutiques devinrent des caves, les remblais s'élevant à dix et douze pieds.

XVIe Siècle

Pendant les XVIe et XVIIe siècles, les inondations à Paris se manifestèrent avec autant de violence qu'aux siècles précédents.

En 1502, 1504, les eaux furent très hautes.

« En l'an cinq cens vingt et ung, après Pasques, lisons-nous dans le *Journal de l'avocat N. Versoris*, et mesmement environ la my-may, fust à Paris merveilleuse cherté de blez et pain, en manière que le septier de ble estoit vendu cinq, six ou sept francs et, à la fin n'estoit possible en recouvrer pour son argent, pour raison de quoy les pauvres de Paris eurent une intolérable indigence. La châsse de Madame saincte Genovefe, pour raison de ce fus descendue et portée en procession en la manière accoustumée pour les vivres et disposition du tems et fut ce au moys de juing, le vendredy et lendemain du Saint-Sacrement.

« Le vendredy sixiesme jour d'aoust (1523) fut descendue la chàsse
Madame Sainte Geneviefve avec procession fort honorable, et ce
pour l'estat et paix du royaume et pour la mauvaise disposition du
tems car au moyen des grandes eau procédans du ciel les grains et
les blez cuidèrent demeurer aux champs et ne se pouvoit parachever
l'aoust. Dieu de sa grâce deux jours avant la descente d'icelle se mist
le tems au beau. »

Le Pont aux Meuniers, lors de la crue de 1564

« Le mardy (24 mai 1524) fut descendue la chàsse Madame sainte
Genevefe pour soubvenir principalement aux biens de la terre qui
périssaient de sécheresse. Neanmoins ledit jour il ne chut aucune
pluie, combien que durant la procession fut le tems fort couvert de
nuées, toutefoys, le jeudy segond jour d'après, qui fut le jour du
Sacrement, il plut assez largement.

« Le xxxi⁰ et dernier jour de may (1527), à ung vendredy, fut descendue la chàsse Madame sainte Genevefe. La cause de la descen-
dre fut pour les guerres et pour paix avoir, et mesmement pour la
grant et continuelle pluie qui avait bien duré de six à sept semai-
nes, en manière que tous les fruits de la terre demouraient sans

advancement ; mais après la descente de la Bonne Dame commença à faire beau temps et chaulx, nous en avions bon mestier (besoin). »

En 1547 la Seine déborda mais sans dépasser une hauteur, mais cette inondation fut cause d'un accident terrible, un bateau qui se trouvait amarré au Petit Châtelet se détacha et vint heurter une des arches du Pont Saint-Michel. Un second bateau chargé de moëllons s'échappa du même lieu et alla frapper la même arche ; sous ce formidable coup de bélier une partie du pont et dix-sept maisons s'écroulèrent avec un bruit terrible.

De crainte d'un pareil désastre les marchands et artisans qui tenaient sur le petit Pont étaux et boutiques déménagèrent.

L'hiver de 1564 fut extrêmement rigoureux, le pain gela, la Seine prit entièrement, puis la neige et la glace sous une rafale de vent du sud fondirent rapidement et elle déborda. Les eaux torrentueuses envahirent avec grand fracas la Grève jusqu'à la rue Jean-de-l'Epine et jusque vers Saint-Merry.

Pendant trois années consécutives les grandes eaux submergèrent Paris, « pour faire cognoistre, dit un curieux livre du temps, que Dieu nous advertissant voulait nous attirer à conversion. »

En 1582, dit l'*Estoile*, la rivière de Seine fut furieusement débordée, et les eaux furent partout si grandes qu'on pensait estre revenu à un second déluge.

En janvier 1583, la Seine déborda dans la Cité et au quartier de la Grève.

Le *Journal de l'Estoile* nous donne ce récit de l'inondation de 1591 :

« Le jeudi 3 janvier 1591, qui était le jour sainte Geneviève, la rivière de Seine qui était si basse en cette saison que l'on pouvait aller à pied sec du quay des Grands-Augustins en l'isle du Palais (ce qui n'avait été veu de mémoire d'homme) vinst à croistre ce jour sans aucune cause apparente, car la gelée avait continué huit jours entiers sans pluie, et continuait et serrait plus fort qu'auparavant.

La cause toutefois pouvait estre de ce que le dimanche et lundi précédens, le vent du couchant avait tiré, qui pouvait avoir chassé les nuées vers l'orient et les sources des rivières où, étant crevées, les pluies avaient causé la crue des eaux, ou que le vent estant au levant avait chassé l'eau en abondance à val la rivière, ou que les arches des ponts estant gelées, l'eau ne pouvant passer avait regorgé contre mont. »

Le 14 mars 1595 la crue des eaux était telle qu'elle menaça d'enlever les ponts, un d'eux le Pont aux Meuniers s'écroula : il allait du Châtelet à l'une des tours du Palais, il était composé de onze moulins dont sept furent renversés. Voici comme l'*Estoile* raconte cet événement :

« Le Pont aux Musniers tomba entraînant avec soi une grande ruine de maisons, biens et hommes. Huit vingt personnes y périrent ; un des insignes massacreurs de la Saint-Barthélémy qui, le jour de la Toussaint 1589 avait jetté de dessus un pont un pauvre anglais, y mourust submergé avec tout son bien, son train et ses enfants. »

XVIIe Siècle

Quinze crues de 1610 à 1700.

En 1610 l'inondation et la débâcle causèrent d'immenses ravages à Paris. Sauval qui en fut témoin raconte que, entre le Pont Notre-Dame et le Pont au Change la glace devint épaisse de plus de 2 toises. La rivière dégela tout à coup entraînant des bateaux chargés de bois, de bled, de vin, de sel et autres marchandises ; un des côtés du Pont Saint-Michel tomba avec ses maisons sans que personne fût noyé qu'une servante. Le Pont au Change fut tellement ébranlé que la plupart de ses maisons tombèrent dans l'eau avec quantité de meubles.

Dans le mois de février 1649 la ville fut inondée dans la Cité et rue Saint-Antoine. Voici ce qu'en dit *Dubuisson-Aubenay* :

« L'inondation de la rivière continue, refluant dans les fossés de la ville et d'eux dans les égouts en sorte que les rues du Port-Royal, Vieille-du-Temple jusqu'aux Blancs-Manteaux, Saint-Antoine au Carrefour Saint-Paul ne se passent qu'à planches et bateaux.

« La Vieille et la Neuve-Saint-Paul, celle des Lions et le bas de celles de Beautreillis et des Célestins avec tout le quai et placé desdits

Célestins et Arsenal sont couvertes de l'eau, partie regorgeant de l'égout des Célestins, mais beaucoup plus refluée et débordée de l'abreuvoir Saint-Paul. En sorte que toute cette suite de maisons qui sont depuis le haut dudit abreuvoir et rue Saint-Paul jusqu'à ladite rue des Célestins sont assiégées et isolées dans l'eau de toutes parts.

« Le vieux pont de bois de la Tournelle couvert d'eau, les jardins du terrain de l'Archevêché, cloître et porte Saint-Landry remplis d'eau, le pont des Tuileries démembré de plusieurs piles de bois et arches

Fig. 4 — Le pont Notre-Dame et le quai de Grève en 1663. D'après une gravure d'Israël Sylvestre.

emportées ; des chantiers de bois, rangés des deux côtés de la rivière, au-dessus de la ville hors les portes Saint-Antoine et Saint-Bernard et au-dessous de la ville à la Grenouillère, ont été emportés par l'eau.

« Dans l'île Notre-Dame on ne passe ni l'on aborde les ponts que par bateaux. »

En 1651, dans le mois de janvier, les mêmes désastres se renouvelèrent. La moitié du Pont de la Tournelle fut emporté. « La crue extraordinaire de la Seine, lisons-nous dans la *Gazette*, l'ayant fait déborder a causé quelques dégâts particulièrement au Pont au Change, dont l'une des arches ayant esté entr'ouverte par la rapidité de ces eaux, quatre ou cinq maisons ont été ruinées ». L'eau parvenait au deuxième

étage d'une maison aujourd'hui disparue située près de la rue de Long-
pont (rue de Brosse).

A la suite de cette inondation les bourgeois des alentours du quartier de l'Hôtel de Ville où se concentrait le commerce et qui se trou-
vaient les plus exposées au ravage des eaux adressèrent de pressan-
tes réclamations au Bureau de la Ville. On tint de nombreuses assem-
blées à l'Hôtel de ville, beaucoup de propositions surgirent, il fut
question d'établir un canal de dérivation au nord de Paris. Mais
aucune suite ne fut donnée à ce projet.

En 1651 l'eau pénétra dans le cloître Notre-Dame, dans les cours
du Palais, elle s'élevait de 20 pieds au-dessus de son niveau habi-
tuel.

Mais la plus formidable inondation de ce siècle fut celle de 1658
dont les Parisiens gardèrent longtemps le cruel souvenir.

La Seine furieuse emporta le Pont Marie presque neuf pourtant ;
« Vingt-deux des maisons qui le couvraient avaient, écrit Guy Patin,
chutées dans la rivière à minuit précis et cinquante personnes
avaient été noyées et il s'y trouvait deux maisons habitées par des
notaires, l'une d'elles fut engloutie avec les arches du pont et le
notaire fut enseveli avec ses minutes. » Dans un *Journal de voyage
à Paris* deux Hollandais racontent à ce sujet, ces détails :

« Et comme dans les malheurs, il arrive souvent quelque chose
qui occupe ceux qui cherchent plus à s'en divertir qu'à s'en affliger,
on dit qu'un gros clerc de notaire logé au bout du pont et dont la
maison se fendit en deux fut emporté. Le lit dans lequel il était couché fut jeté dans la rue sans qu'il en sentît rien, tellement il dormait
profondément et fut tout étonné de se trouver à son réveil ainsi
couché au milieu de la rue, de tant de ruines et de débris. »

« L'accident du nouveau marié est plus moral, puisqu'il a joint en
même temps ce que cet ancien trouvait de bon au mariage, le premier
et le dernier jour. Il n'y avait que deux ou trois heures qu'il était couché avec son épouse qu'il fut obligé de se lever au branle de son lit et
de toute sa maison et de se sauver en chemise. Sa chère moitié y périt
et il s'est trouvé veuf et marié en moins d'une nuit. »

Les auteurs de ce journal ajoutent qu'on leur raconta également
qu'un carrosse de marquis qui passait sur le pont au moment de l'ac-

cident, fut englouti et qu'un autre tomba, rue Saint-Denis, dans une cave minée par les eaux. L'abbé de la Vieuville avait lui-même rapporté à ces auteurs que l'eau ayant envahi tout le bas de sa maison, il fallut faire la cuisine au premier étage.

L'ensemble des dégâts fut estimé au chiffre de 30.000.000 de francs.

Le Pont Marie dont les deux arches détruites, en 1658, furent rétablies sans les maisons. D'après une gravure d'Aveline. A gauche, clocher des Célestins. A droite, clocher de Saint-Louis-en-l'Isle.

A cette époque, la presse se préoccupait beaucoup moins qu'aujourd'hui du désastre national. Du moment que la famille royale n'était pas atteinte, les journalistes du temps se contentaient d'enregistrer les faits, sans se livrer à aucun commentaire. Voici, en effet, les seules lignes que le successeur de Théophraste Renaudot consacre à la crue dans la *Gazette* de mars 1658 :

« Mais leur joye a esté beaucoup troublée par les désordres de nostre rivière, qui s'estant extraordinairement enflée, a non seulement inondé presque toutes nos rües, et rempli quantité de maisons, notamment des Faux-bourgs, jusques aux premiers estages, mais renversé, la nuit du 28 février au premier de ce mois, la plus grande partie de l'Isle Notre-Dame, avec perte de plusieurs personnes, quelque ordre que nos magistrats aient apporté pour prévenir un si triste accident. »

La même *Gazette* nous apprend que le 3 mars, c'est-à-dire le surlendemain, la reine de Suède et toute la cour assistèrent au ballet d'*Alcidiane*. Le lendemain, le roi et la princesse d'Angleterre ouvrirent le bal au Louvre et, le 5, ils se rendirent à une « mascarade des plus pompeuses... ».

Au puits du Cloître Notre-Dame l'eau jaillissait avec violence. Elle entra dans l'église du Saint-Esprit-en-Grève ; on allait en bateau dans la rue de la Tixeranderie depuis la rue du Mouton jusqu'à la rue du Coq, c'est-à-dire sur l'emplacement qu'occupe la rue de Rivoli. La Seine vint à la Grand'rue-Saint-Antoine jusque près de l'église. Les PP. Célestins en eurent 7 pieds de hauteur en leur cloître, qui était situé sur l'emplacement duquel a été élevée la caserne de la Garde municipale (Boulevard Henri-IV), et jusque sur le dernier marchepied de leur maître-hôtel.

L'inscription suivante fut gravée sur une plaque de marbre scellée dans la muraille du cloître :

Anno 1658, mense februario
Exundantis Sequanæ fluctus hic,

Aliquandiu stagnantes, medium hujus
Quadri lineam attigere.

(En l'an 1658, au mois de février, les eaux de la Seine débordée, s'arrêtant quelque temps ici, atteignirent la ligne médiane de ce carré.) « Cette ligne, dit Bonamy dans un Mémoire présenté en 1741 à l'Académie des Inscriptions et Belles-Lettres, était à 5 pieds au-dessus du pavé du cloître, et ce cloître était environ à 2 pieds au-dessous du pavé qui est devant la porte de l'Arsenal, de sorte qu'il devait y avoir 3 pieds d'eau sur ce pavé. »

L'ingénieur P. Egault, qui, en 1814, publia un Mémoire sur les inondations de Paris, y constate que, dans les premières années du XIXe siècle, cette inscription avait déjà disparu.

Lorel, dans sa *Muse historique*, raconte cette inondation :

> .... Madame la Rivière
> Qui s'est montrée un peu trop fière
> Et qui, par ses débordements,
> A détruit ponts et bâtiments,
> Et fait plus d'étranges ravages
> Dans un grand nombre de ménages
> Que n'auraient fait trente démons...

Sur cette inondation, Scarron écrit à Pélisson :

> Je me plaignais du froid âpre et cruel,
> Et je me plains du terrible dégel
> De gros torrents et neiges répandues
> De Seine enflée à vagues épandues,
> Du grand Paris montre les dehors
> Où se lassant de ses antiques bords
> Faisant partout les mers longues et larges
> Il lui faudra des montagnes pour images.
> La barque flotte où roulait la charrette,
> Dans les cantons voisins de l'Arsenal,
> On ne fait plus ses visites qu'en bac
> Enfin Paris, du moins une partie,
> Offre à mes yeux vision travestie
> La Seine enfin ne fut jamais si fière
> Et ne fit tant de si grosse rivière.
> Enfin ses grands mais dangereux progrès
> Ne vont faire qu'un lac des jardins du Marais.
> . . . .
> Du pont de l'Île (1) en un instant fondu
> Non sans horreur, l'insulaire éperdu
> Voit la grande brèche et le vide effroyable.

Le Roi donnait asile aux protégés dans les logis du Louvre alors désert.

1. Pont Marie.

XVIII° Siècle

Dans ce siècle, grâce aux documents publiés, récits et mémoires du temps, il est plus facile de connaître les inondations qui désolèrent Paris. Les premières, au début du siècle, 1701, 1709, 1711 furent peu désastreuses. Celle de 1726 occasionna de nombreux accidents; 200 bateaux chargés de denrées d'approvisionnement furent entraînés et fracassés, bouchèrent les arches du Pont Rouge et du Pont Notre-Dame, entraînèrent des moulins où le feu s'alluma.

Mais la plus terrible de toutes les crues fut celle de 1740 qui atteignit son maximum le 25 décembre. Elle atteignit 8 mètres (donc la cote inscrite sur l'échelle du Pont Royal est trop élevée).

L'avocat Barbier nous a laissé dans son journal un tableau complet de cette inondation, mémorable entre toutes.

« Actuellement Paris est entièrement inondé. Toutes les boutiques sont fermées; de tous les côtés, on est réfugié au premier étage, et c'est un concours de bateaux comme, en été, au passage des Quatre-Nations (devant l'Institut). Sur le port au Blé (quai des Célestins), l'eau va au-dessus des portes cochères. La place de Grève (place de l'Hôtel-de-Ville), est remplie d'eau; la rivière y tombe par-dessus le parapet; toutes les rues des environs sont inondées; dans les maisons à porte cochère les bateaux entrent jusqu'à l'escalier, comme les carrosses feraient. Il y a plus : dans toutes les rues de Paris où il y a des égouts, l'eau de la rivière y gonfle, se répand dans la rue, et il faut y passer dans des bateaux ou sur des planches. »

On ne savait plus quel chemin prendre pour aller dans Paris en carrosse, d'autant que des gardes se tenaient sur tous ceux des ponts de Paris qui étaient couverts de maisons — pont Notre-Dame, Petit-Pont, pont Saint-Michel, Pont-au-Change et pont Marie — pour en interdire l'accès, d'où une situation particulièrement difficile que montre le récit de Barbier :

« La police a fait déménager, il y a deux jours, tous les marchands et locataires qui sont sur les ponts Saint-Michel, au Change, Notre-Dame et Pont-Marie. L'eau est si rapide et si haute qu'on craint fort

Le port au blé et le marché au veau au XVIIIe siècle

qu'elle ne les jette à bas ; les arches, surtout des deux bouts, sont à peu de chose près bouchées ; on ne passe donc que sur le Pont-Royal et le Pont-Neuf, car le pont de la Tournelle n'est pas accessible. Tous les habitants de l'île Notre-Dame sont enfermés et ne peuvent point sortir en carrosse, ni du côté de la porte Saint-Bernard, dont le quai est rivière. Les gens de pied ne passent plus même sur le pont de Lois qui va à Notre-Dame (le Pont-Rouge, qui faisait communiquer l'île de la Cité et l'île Saint-Louis).

« ... Toutes les caves à Paris sont encore pleines d'eau. Il y a des ordres pour visiter les fondements quand elle sera relevée et le dommage sera considérable. La ville fait abattre un grand nombre de vieux bâtiments à la descente du Pont-Marie...

« Les eaux se sont enfin retirées pour laisser arriver par eau les provisions de Paris, mais après avoir fait de grands ravages dans toutes les campagnes et avoir endommagé bien des maisons à Paris. La Ville en fait abattre de celles qui lui appartiennent au bout du Pont-Marie, mais comme les eaux sont restées dans les caves, la police y a mis ordre pour obliger tous les propriétaires à les faire vider et nettoyer pour prévenir les puanteurs. »

Les bateaux ne ravitaillent plus Paris, le gouvernement royal, « sans se rebuter, dit Bonamy, ni des frais ni de la difficulté des chemins que les eaux répandues de toutes parts rendaient presque impraticables », fit venir « tant des pays étrangers que des provinces du royaume qui avaient été les moins maltraitées », des quantités considérables de blés dont on remplit les couvents et les hôpitaux. Cependant, Paris, quoique abondamment approvisionné de blé, faillit manquer de pain.

On a su, dit Barbier, par un fermier général fort entendu qui a le détail des entrées de Paris, que la ville avait été à deux jours de sa perte par le défaut de farine, par l'impossibilité d'aborder aux moulins à vent ni de jouir des moulins à eau.

Et, en effet, les habitants ne pouvaient se nourrir de blé à l'état de grains !

La peur où l'on était de la disette eut un résultat assez inattendu : le procureur général du roi, s'étant renseigné sur la quantité de farine qui se consommait pour la confection des gâteaux des Rois et ayant appris qu'elle se montait souvent à cent muids, jugea qu'il convenait d'empêcher « cet emploi de farines si inutile et si superflu à tous égards » et, à sa requête, le Parlement, par un arrêt du 31 décembre, fit « inhibitions et défenses à tous pâtissiers, boulangers et autres, de fabriquer, vendre, débiter, à l'occasion de la fête des Rois ou autrement, aucun gâteau de quelque nature qu'il soit, sous peine de cinq cents livres d'amende ».

Dulaure, qui, dans l'édition définitive de l'*Histoire physique, civile et morale de Paris* (1829), consacre un premier chapitre aux débordements de la Seine, raconte qu'il possédait un petit in-12, en mauvais état, intitulé : *Les Antiquités, fondations, singularités des villes, châteaux du royaume*, imprimé en 1605.

Ce volume portait sur la couverture la note manuscrite suivante : « Ce livre a été trouvé, en 1740, du temps des grosses eaux. L'eau était si haute qu'elle allait jusqu'au deuxième étage sur le quai de la porte Saint-Bernard. Ce livre flottait sur l'eau, il entra par la fenêtre de chez Monenque. — Signé : LENOBLE. »

Bonamy dans son rapport à l'*Académie des Sciences* dit « Le jour de Noël au matin, toute l'île Louviers fut couverte, on passait en bateau au-dessus de l'estacade. Le quai des Célestins était couvert d'eau dans toute sa longueur jusqu'à la rue Saint-Paul où l'eau entrait jusqu'à la rue des Lions. Au delà du Pont-Marie, les eaux depuis la place aux Veaux remplissait la rue de la Mortellerie jusqu'en deçà de la rue Geoffroy-L'asnier ; elles entraient par la rue du Mouton jusqu'au ruisseau de la rue de la Tixeranderie ; et de l'autre côté s'avançaient jusqu'à la moitié des rues Jean-de-l'Espine, de la Vannerie, de la Tannerie, enfin jusqu'à l'entrée du quai Pelletier. Il y en avait plus de huit pieds au bout de la rue de la Mortellerie et l'eau passait par dessus le mur du parapet où est la croix. »

Dès le commencement de l'inondation on avait imploré le secours du ciel pour obtenir la cessation du fléau. Par arrêt du Parlement la châsse de sainte Geneviève et celle de saint Marcel furent découvertes ; les paroisses de Paris et toutes les communautés religieuses allèrent en procession à Notre-Dame et à Sainte-Geneviève.

De l'inondation de 1751, Barbier écrit : « La fonte des neiges et les grands hivers dans les pays hauts ont fait déborder ici la rivière de

Seine. On va en bateau dans la rue de Vienne et jusqu'à la fontaine de la place Maubert. Dans la Grève, on n'entre qu'en bateau dans l'Hôtel de Ville. Il y a ordonnance affichée pour obliger ceux qui demeurent sur les pont Notre-Dame, pont au Change, pont Saint-Michel de déménager avant que la violence de l'eau n'endommage les ponts. Cependant il est certain que l'eau   encore de 3 pieds moins haute qu'en 1740.

A cette époque l'accès de sensiblerie que fit éclore J.-J. Rousseau n'était pas encore très développé, car Collé se plaint dans un étrange regret et avec une certaine indépendance de cœur. « Je suis monté aux tours Notre-Dame mais le temps nébuleux m'a ôté la moitié du plaisir que j'aurais eu à voir un spectacle *si beau* et si singulier » !

Les débordements de la Seine en 1764 prirent beaucoup d'analogie avec celui de 1740. M. Pasernot, ingénieur géographe du Roi dit dans son rapport que : « Dans la Cité, la cour de la Présidence était remplie, l'eau avait remonté par l'égout. La partie du cloître Notre Dame qui aboutit au Pont Rouge était inondée, le jardin du Terrain était une île, l'eau qui avait remonté d'un côté par l'abreuvoir s'étendait assez loin dans la rue du Cloître ».

Près de vingt années se passent sans que les crues parviennent à Paris à une hauteur extraordinaire.

En 1784, inondation désastreuse : aux grandes eaux se joignit une débâcle rendue formidable par une gelée persistante. Mais les plus terribles qui vinrent clore ce siècle furent celles de 1795 et de 1799. En cette dernière année la Seine déborda d'une manière formidable, tous les égouts refluaient dans les rues, on ne pouvait passer qu'en bateau place de Grève, le flot venait battre les marches de l'Hôtel-de-Ville, les blanchisseuses lavaient rue de la Tixeranderie sur le pas de leurs portes.

Des ouvrages de défense avaient été faits les années précédentes, ce qui épargna des rues qui auparavant avaient été inondées.

Partie du plan de Maire, en 1808, indiquant les quartiers inondés du territoire
actuel des III⁰ et IV⁰ arrondissements

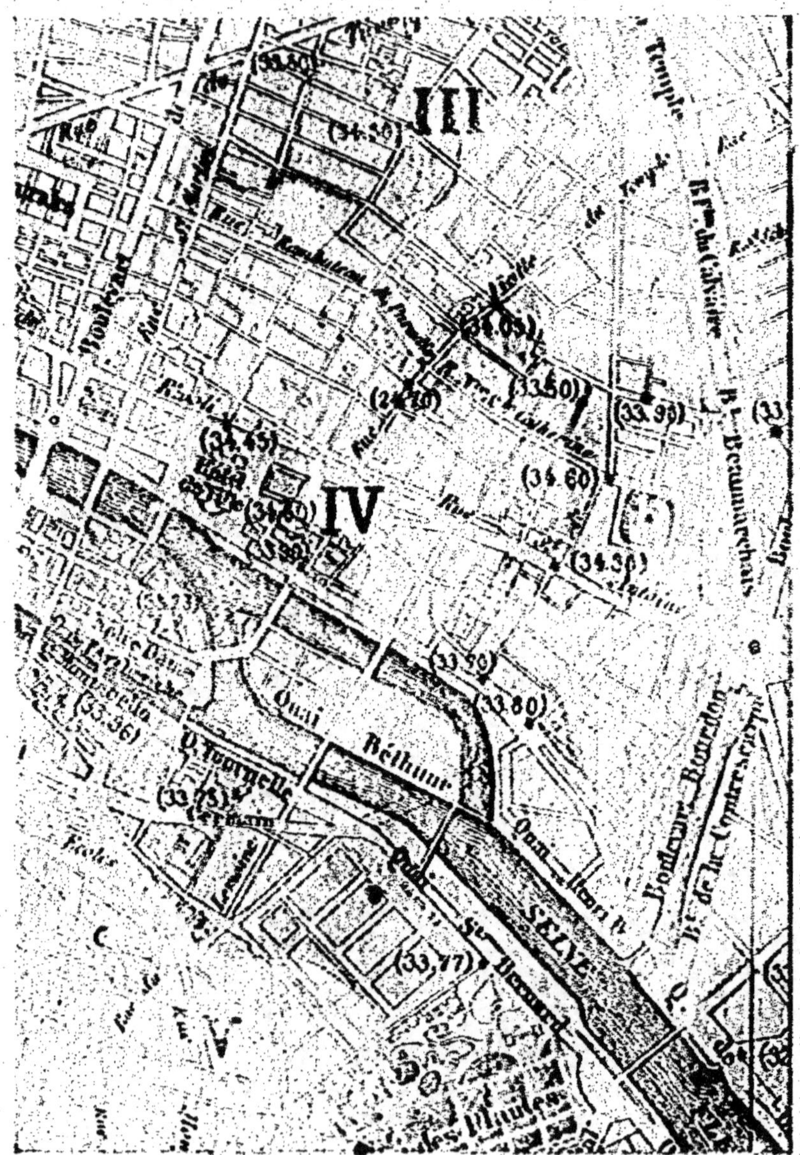

Plan de 1868 indiquant les parties qui furent inondées en 1658, dans les quartiers qui composent actuellement les IV⁰ et III⁰ arrondissements.

XIXe Siècle

Si les inondations ont désolé Paris dans les dernières années du XVIIIe, le XIXe s'ouvre également sous les funestes efforts de ce fléau qui sévit avec fureur en 1802 et 1807.

En décembre 1801 les eaux de la Seine secondées par des vents furieux montèrent à 7 m. 52. La rivière charriait fortement, la promptitude de sa crue et la hauteur de ses eaux n'avaient point permis de fermer l'Estacade de l'Ile Louviers et de l'Ile Saint-Louis ; avec des peines infinies on put mettre des portes.

Les eaux interceptèrent la communication des rues Saint-Paul et des Barres, couvrirent tout le port de la Grève, elles parvinrent dans la rue de la Mortellerie par les rues des Barres, Pernelle et des Haudriettes ; elles avaient de hauteur 80 centimètres sur le pavé au pied du perron de la Maison-Commune, elles couvrirent une grande partie de la cour de la Sainte-Chapelle, entrèrent dans les jardins de l'Archevéché, inondèrent le Cloître, le Port Saint-Landry où il y avait 1 m. 72 d'eau.

En 1807, la Seine s'éleva jusqu'à 6 m. 70 ; au pont d'Austerlitz elle était de niveau avec le sommet des piles ; mêmes quartiers inondés qu'en 1802. Cette inondation ne causa que peu de dommages et le souvenir s'en effaça vite.

A plusieurs reprises en 1817, 1818, 1819 et 1820, les grandes eaux et les glaces se montrèrent redoutables, mais n'occasionnèrent aucun désastre.

En 1836, la Seine envahit la Grève, entre le Pont Notre-Dame et le Pont-au-Change, elle avait l'aspect d'un effroyable torrent.

L'estacade de la gare de Grenelle fut emportée, celle de l'Ile Saint-Louis fut très menacée. Lors de l'inondation de mai 1836, la Seine s'éleva à 7 mètres ; les quais furent envahis.

En 1845, 1847, 1848, des crues eurent encore lieu, mais elles ne présentèrent aucun danger sérieux.

En 1850, 1853 et 1854, le niveau des eaux s'éleva à 5 mètres seulement, grâce aux travaux de défense qui avaient été exécutés anté rieurement. Le système d'encaissement des rives du fleuve protégea efficacement les quartiers riverains.

Toutefois, en 1836, il y eut une crue tellement violente que les quais furent inondés. Le service des postes fut un instant interrompu entre l'Hôtel de Ville et Bercy. Dans cette dernière localité, Bercy était alors un petit village de la banlieue, le recouvrement des effets échus fut opéré en bateau par les garçons de la Banque. Les années 1851 et 1867 comptent aussi dans les annales de l'inondation. Paris et la banlieue eurent encore à souffrir des inondations de décembre 1872, de 1876 qui est de beaucoup, jusqu'à 1910, la plus forte de celles qui se sont produites en ces dernières années. La fonte des neiges d'une part, de l'autre la continuation des pluies avaient démesurément grossi les divers affluents du fleuve.

Une victime de l'inondation, dessin de Crafty en 1867

Depuis le 17 janvier, la Marne, le Grand-Morin, le Loing, l'Yonne atteignaient les plus hauts étiages. La crue de la Seine commença à se faire sentir le 20 février, mais elle augmenta d'heure en heure et ne tarda pas à devenir menaçante.

En amont de la ville, l'inondation prit les proportions d'un désastre. La plaine depuis Maisons-Alfort jusqu'à Villeneuve-Saint-Georges est transformée en un immense lac d'où émergent d'étroits îlots, les cimes des arbres et quelques toits des maisons.

Les habitants sont obligés de chercher un refuge à Paris, partout les vents ont déraciné les arbres que les rivières tumultueuses roulent et qui vont battre en brèche les maisons riveraines.

Bercy, le quartier de Javel, où plusieurs maisons s'écroulent, sont sous l'eau.

En 1880, la débâcle des glaces amène une seconde inondation de la Seine qui causa de grands ravages en aval de Paris.

1910

Du 15 au 20 janvier 1910, la population de Paris regarda sans émoi, la Seine grossir, comme elle le fait généralement au milieu de l'hiver. Certains Parisiens n'y virent que l'inconvénient d'être privés de transports sur l'eau, les bateaux-mouches cessant alors leur service.

A partir du 21 janvier la crue devient violente, la Seine charrie pêle-mêle toutes sortes d'épaves ; la circulation fluviale est impossible, le fleuve commence à déborder aux extrémités de Paris.

Mais les Parisiens qui n'ont pas vu de grandes crues depuis longtemps, surtout les jeunes, (car il faut remonter à l'année 1876, c'est-à-dire à trente-quatre ans en arrière, pour retrouver une crue désastreuse) ne s'émeuvent pas encore. Ils apprennent que des chemins de halage dans la banlieue sont couverts par les eaux, mais cela ne les touche pas.

L'eau continue à monter, le 22 janvier, les berges du côté de Bercy et d'Auteuil sont envahies, des infiltrations se produisent dans les parties basses à proximité du fleuve. On s'amuse au Jardin des Plantes en voyant les eaux gagner la fosse des ours. Les flots dévastateurs envahissent la Cité, également par infiltration : la vieille rue des Ursins, qu'on appelait autrefois la rue Basse des Ursins, semble une rue vénitienne. Il y a deux mètres d'eau dans les caves du Palais de Justice.

Les habitants de Paris s'aperçoivent surtout de la crue, par la gêne qu'elle leur cause dans leurs petites habitudes : le 23, les moyens de transport font défaut ; arrêt des tramways électriques, dont les usines productives de force sont inondées, du chemin de fer métropolitain. On prévoit que dans la journée du 24, la crue de 1876 va être atteinte. C'est surtout aux points extrêmes de Paris, près du fleuve,

et dans la banlieue, que l'inondation fait des ravages et oblige les habitants à déguerpir: 7 m. 65 au pont Royal.

On constate, dans cette journée du 24, que la crue de cette année, a dépassé de 20 centimètres celle de 1876. Les chemins de fer de la gare d'Orsay, à la gare d'Austerlitz et de la gare des Invalides à Versailles cessent le service, les téléphones, dont les fils sont dans les égouts, ne fonctionnent plus.

Le 25, tout Bercy, le quai de la Râpée et les rues proches la gare de Lyon sont sous l'eau, ainsi que la partie basse d'Auteuil.

La crue atteint le 26, au pont Royal, la côte de 8 m. 29, supérieure de 0 m. 84 à celle de 1876, dépassant de 0 m. 29 celle de 1740. Il faut donc remonter à plus de deux siècles pour trouver une semblable inondation. Les Parisiens sont étonnés, mais ils ne s'effraient pas pour cela.

Ce qui surprend le plus, c'est de voir les effets de cette inondation se produire loin de la Seine, dans des rues relativement élevées, la place du Havre est envahie, l'accès de la gare Saint-Lazare devient difficile. Si le lecteur veut bien se reporter à ce que nous disions plus haut de l'existence autrefois d'un bras de la Seine passant dans ces parages, il comprendra le fait de cette infiltration dans des parties éloignées du fleuve actuel.

Les quartiers de la rive gauche et les Champs-Élysées sont envahis. Les jours suivants la crue s'élève encore, le Palais-Bourbon, l'esplanade des Invalides, la place de la Concorde, ont de l'eau. Jusqu'alors nos quais ayant eu bonne contenance, nos vieux quartiers ont résisté à l'envahissement, sauf la partie basse de la Cité, rue des Ursins. Le 27, au quai d'Anjou, tout près du pont Sully, l'eau est à quelques centimètres seulement du parapet. Une équipe d'ouvriers établit un barrage sur ce point. Les riverains ont fait murer solidement les soupiraux des caves et le bas des portes.

Tout près de Notre-Dame, les rues Massillon et Chanoinesse sont maintenant en partie submergées. Les locataires de l'immeuble portant le numéro 1 de la rue des Ursins ont été déménagés par les gardiens de la paix.

Des bateaux transportent les habitants dans leurs logements.

Au port Louviers, le barrage de la rampe a dû être aveuglé avec des bâches et l'eau n'envahit plus le quai Henri IV.

Le poste de l'Arsenal, quai des Célestins, a dû être évacué.

La circulation est interdite sur le pont d'Arcole. Le danger est grand, car le travail pour enlever les bois flottants devient de plus en plus difficile.

La chute de l'Estacade de l'Ile Saint-Louis, janvier 1910, d'après la photographie de M. Pottier

Les fossés qui entouraient l'Hôtel de Ville sont pleins d'eau : deux pompes y sont installées.

On ne voit également plus les arches du pont Louis-Philippe ni celles du pont Sully. Elles ont disparu sous l'effroyable assaut des vagues. Devant le numéro 36 du quai des Célestins, des ouvriers bâtissent un mur pour arrêter le fleuve menaçant. De minces filets d'eau filtrent à travers le granit des parapets ; ce sera tout à l'heure l'invasion dévastatrice de l'élément implacable contre lequel se brisent toutes les forces humaines.

L'estacade de Saint-Louis-en-l'Ile oscille sur ses bases ; elle est portée par le flot tourbillonnant. Dans le soir, elle offre un aspect lugubre avec ses réverbères éteints, ponton perdu dans les ténèbres que secoue la colère des eaux...

Deux nouvelles lagunes viennent d'être formées là-bas par les débordements du fleuve. Ce sont les rues Massillon et Chanoinesse,

L'eau envahit l'île Saint-Louis au quai d'Anjou et dans les caves de l'hôtel Lambert. Janvier 1910, d'après la photographie de M. Van Gelowe

dont les habitants se sauvent en poussant des cris d'épouvante.

Quai Henri-IV, des barriques ont été rangées le long du trottoir ; elles ont été arrachées au courant destructeur. Le barrage de la rampe du Port-Louviers a été aveuglé par les travaux de maçonnerie.

Au Palais de Justice, l'impassibilité professionnelle des magistrats subit une dangereuse épreuve.

Malgré la tenue d'une audience de référé, qui donne d'ordinaire quelque animation à la salle des Pas-Perdus, la vie semblait, s'être retirée du Palais.

La plupart des Chambres civiles n'ont été ouvertes que durant une heure ou une heure et demie.

Les magistrats de la chambre criminelle de la Cour suprême ont siégé dans la salle du Conseil de la Chambre civile, pour entendre la

La Seine du côté du quai des Célestins. — Janvier 1910

fin des plaidoiries dans l'affaire des agents de change et de la coulisse.

Quant aux audiences correctionnelles, elles ont été fort rapidement expédiées. Dans l'une d'elles, à une heure de l'après-midi, les inculpés, détenus préventivement, n'étaient pas « encore arrivés ». Ils n'ont fait leur entrée dans le box des prévenus qu'à deux heures.

Les galeries et les escaliers de l'instruction, plongés la veille dans une obscurité profonde, s'éclairaient à la lueur tremblotante de rares lanternes qui, sous les épaisses et larges voûtes de pierres, ne faisaient que rendre plus sensibles les ténèbres. Par ailleurs, le désarroi est le même, et les magistrats sont plus attentifs à la menace de l'eau qu'aux affaires courantes.

Cette inquiétude n'a rien qui doive surprendre : l'inondation, d'heure en heure, grandit ; le fleuve règne en maître autour de la Sainte-Chapelle, il monte dans les locaux du tribunal de simple police

Au Pont Louis-Philippe. — Janvier 1910

et du buffet ; marche à marche il a envahi les escaliers qui accèdent de ces locaux à la vaste cour ouverte devant le boulevard du Palais ; quinze centimètres encore de crue, au plus vingt, et la cour entière sera transformée en un vaste lac qui s'épandra sur le boulevard.

On ne peut plus constater la cote au pont Royal, l'échelle est submergée. Cette fois la crue dépasse de près d'un mètre celle de 1802.

L'eau atteint la moitié des parapets des quais : l'on a dû pour en empêcher l'envahissement boucher avec des pierres et des sacs de ciment les ouvertures, servant de passages, de ces parapets.

Bien que la Seine ne monte plus, l'eau, s'infiltrant, pénètre davantage dans les caves et les sous-sols et s'étend de plus dans grand nombre de rues.

Le 28, l'Estacade est en partie enlevée par les eaux, et malgré les précautions prises dans l'île Saint-Louis, indemne jusqu'alors, l'eau envahit le quai d'Anjou, les caves de l'hôtel Lambert sont inondées. Il y a des affaissements du sol dans le Cloître Notre-Dame.

Au Pont d'Arcole, janvier 1910.

Dans la journée, la Seine remontant sensiblement, la cote est de 8 m. 50 à l'échelle du pont de la Tournelle, elle est encore au-dessous de 0 m. 30 de la cote de 1658.

Enfin le 29, légère diminution de la crue. Le dimanche 30, le temps étant beau, une foule considérable s'étendait sur les quais, longeait les parapets du pont Sully au pont Alexandre III. Tout le peuple de Paris était descendu vers le fleuve, examinant la hauteur du fleuve avec une vive curiosité.

Nous indiquons ainsi très sommairement les phases de la crue. Il y aurait nombre d'épisodes à décrire si nous voulions nous étendre sur ce point. Voici un des douloureux faits-divers de l'inondation :

Un vieillard de soixante-douze ans, M. Ramé, qui occupait un

rez-de-chaussée, 12, rue Chanoinesse, épouvanté par l'invasion soudaine des eaux, s'était réfugié dans une soupente de son logement.
Il se tenait là depuis l'aube, grelottant et hagard, quand un canton-
nier de la ville et un gardien de la paix, attirés par ses cris, sont
venus le chercher. Mais le saisissement avait été trop grand : le
pauvre vieux est mort à la porte de l'Hôtel-Dieu où on le transpor-
tait.

Au Pont Notre-Dame, en réparation, janvier 1910.

La diminution de l'eau fut lente, il y eut même au milieu de février
une reprise légère de la crue.

Les dévastations produites par l'envahissement de l'eau furent
considérables, surtout dans la banlieue. Nos vieux quartiers ont peu
souffert relativement, grâce à l'élévation des quais et à la solidité
des murs de soutènement et des parapets, que nos pères construisi-
rent pour préserver la Cité, l'île Saint-Louis, les abords de l'Hôtel
de Ville et les quartiers environnants qui, autrefois, étaient envahis
à chaque crue.

En définitive la crue de 1910 dépassa toutes celles qui avaient eu
lieu depuis 1658. Voici la comparaison à l'échelle du pont de la Tournelle, où le lit de la Seine est à 1 mètre plus haut qu'au Pont Royal ;

conséquemment l'échelle du premier pont indique au même moment de crue 1 mètre de moins qu'au dernier pont :

1658	1740	1802	1876	1910
8 m. 81	7 m. 90	7 m. 45	6 m. 69	8 m. 50

Le « jusant » de cette formidable vague de marée fluviale commence. Après avoir débordé sur la ville, les eaux se retirent, abandonnant lentement le terrain conquis.

On a dit déjà ce que furent le courage et l'endurance des hommes dans cette lutte sans trêve contre l'envahisseur silencieux, la bataille de toutes les minutes de la science contre la nature déchaînée.

En quelques jours, en quelques heures parfois, des fortifications nouvelles ont été élevées pour barrer la route à l'envahisseur. Sur les quais menacés, de véritables digues ont surgi. Dans les rues, des barricades se sont dressées. Contre l'eau, les hommes se sont battus, comme ils se seraient battus contre d'autres hommes. Et tous, unis, serrés, exaltés par un élan de solidarité fraternelle, ils ont remporté la victoire sur l'ennemi.

Les fautes qui ont été commises jadis, ont rendu la lutte plus difficile et plus héroïque.

Mais si des erreurs de tactique ont permis à l'envahisseur de menacer jusqu'au cœur de Paris, Paris sur les remparts a repoussé l'assaut.

La Seine baisse.

C'est d'abord le fleuve dont la cote descend et dont rien ne permet de prévoir un retour offensif. Puis c'est l'eau dans les rues qui disparaît, aspirée par les égouts, par le sol. Il semble que le danger soit conjuré, le péril immédiat qui anéantit des existences et des trésors dans la ruée monstrueuse et soudaine.

Pourtant Paris ne s'abandonne pas. Il oppose au malheur plus que du courage : de la bonne humeur.

Comme il n'est pas d'événements, deuil ou joie, sans écho mis en chanson, au coin de chaque pont, de chaque carrefour des artistes de plein vent chantent des refrains de circonstance qui sont écoutés les larmes aux yeux :

Sans hésiter pour sauver son prochain
C'est partout le même élan sincère
Devant l'danger, tout l'monde se tend la main,
Plus de haine, car tous les hommes sont frères !
    Ce dénuement
    Nous unit un instant
    Et l'on vibre dans une même alarme
    Lorsqu'on sent tout à coup
    Que de brav's gens partout
    Versent des larmes.

Ce n'est pas du Victor Hugo ! certes, mais l'intention est touchante et exquise.

Devant ces désastres la blague parisienne voltigeait toujours alerte et gaie.

Le marquis d'Argenson écrit cette note dans son *Journal*, à la date du 27 décembre 1740 :

« Quelque malheur qui arrive, on dit un bon mot, une pointe, aujourd'hui une platitude, et voilà le peuple français qui rit de tout... La rivière de Seine est débordée, Paris est inondé, les campagnes sont perdues : sur cela on a dit que la rivière se porte mieux, puisqu'elle est hors de son lit, qu'elle est hors de condition, car elle est sur le pavé, qu'elle n'y est plus, car elle est entrée chez le roi, au Louvre, qu'elle va avoir des feuilles, car elle est en Sève, c'est-à-dire au village de Sève (Sèvres), etc. : ce goût de platitude, de jouer sur le mot, a extrêmement gagné la nation depuis quelque temps. »

Ce n'était pas d'un atticisme exquis ; mais cela ne manquait pas d'une certaine crânerie en face de la faim, de la misère et de la ruine de narguer la camarde et de blaguer la sinistre rivière.

Les Parisiens d'aujourd'hui sont les mêmes que leurs pères, secourables, insouciants devant le danger et conservant, malgré l'horreur de la situation, leur franche gaieté, leur bonne humeur.

Depuis le jour où Louis XI disait : « Le monde commun de Paris est goguenard, naïf, hâbleur, mais bon cœur » cet esprit parisien n'a guère changé. C'est entre Notre-Dame et la Sainte-Chapelle dans notre vieille Cité qu'est née cette sève d'esprit gaulois critique, gouailleur et moqueur qui constitue cet esprit parisien si spécial, ce mélange d'humeur, de blague et d'ironie, *cette parisine* comme on l'a appelée qu'on ne peut définir et dont l'originalité est le rire clair et franc.

Cet esprit se trouve à toutes les pages de l'histoire de Paris où il exerce sa verve moqueuse.

Dans la brume du jour mourant s'élève, défiant les éléments comme les âges, assise sur ses indestructibles bases, Notre-Dame dominant le fleuve un instant vainqueur.

C'est une autre Bruges avec ses canaux sinistrés où ses maisons et ses palais se reflètent dans l'immobilité de l'eau stagnante qu'éclaire à peine la lueur rougeâtre des réverbères pareils à des lampadaires funèbres.

C'est une Bruges lugubre et morte !

Morte qui revivra demain avec plus d'intensité et de vie pour panser ses blessures, cicatriser ses plaies, réparer ses pertes.

Paris a connu de pires désastres. Il a été incendié, il a été bombardé. Et cependant il y a dans notre Cité une telle puissance d'énergie et de renouveau qu'après avoir subi pendant de longs mois la faim, la misère, les canonnades, elle redevenait peu de temps après la capitale prestigieuse, la Ville de l'art élue entre toutes et l'Univers recommençait à rêver de sa beauté.

A Paris, notre vieux Paris, on peut appliquer ces vers délicieux de Ronsard :

> Semblable au saule verdissant,
> Plus on le coupe et plus il est naissant.
> Il rejetonne en branche davantage
> Et prend vigueur dans son propre dommage.

Paris sera fidèle à sa devise (quelque peu modifiée) :

> Le navire fait eau il ne sombrera pas !
> *Fluctuat nec mergitur !*

PIÈCES ANNEXES

La Bibliothèque de l'Arsenal possède un manuscrit inédit et que nous publions in extenso à cause de son intérêt. C'est le rapport fait sur l'écroulement du Pont Marie.

L'an 1658, le quatrième jour de mars, en vertu de l'ordonnance verbale de messieurs les prévost des marchands et échevins de la ville de Paris tendante à visiter ce qui reste entier de la chutte du Pont Marie, arrivée le premier jour dudit mois sur les une heure après minuit, aussi les maisons en retour d'aisles au deçà dudit pont, et sur le tout dire notre avis, en quel estat de subsistance sont, tant les édifices dudit pont, maisons au-dessus d'iceluy, que desdites ailes en retour avec le plan et la figure de la disposition des lieux, nous, Michel Villedo, conseiller du Roy, et Sébastien Bruand, maîtres généraux des œuvres de maçonnerie et charpenterie des bastiments du Roy, ponts et chaussées de France, et Michel Noblet, architecte des bastiments de Sa Majesté, maître et garde des fontaines publiques de ladite ville, en conséquence de ladite ordonnance à nous faite, serions transportés sur ledit Pont Marie pour considérer soigneusement l'état d'iceluy.

Premièrement, avons trouvé que le susdit pont étoit composé de cinq arches, de quatre piles et de deux culées aux deux extrémités d'iceluy, servant à entretenir et soutenir la poussée des arcades desdites arches de part et d'autre dudit pont qui contient cinquante toises de long, et qu'au-dessus d'iceluy sur ladite longueur de cinquante toises étoient basties cinquante maisons : sçavoir, vingt-cinq de chacun costé dudit pont, qu'il est resté trente maisons d'entières, quinze d'une part, et quinze de l'autre : que les deux dernières arches et la pille entre icelles vers le costé de l'Isle avec les maisons construites sur lesdites arches, au nombre de vingt maisons sont péries dans les eaux avec ledit pont.

Nous avons aussi recogneu et asseurons que l'origine et le principe de cette destruction et de ce malheureux accident ne vient que des raisons desduites cy dessus, aiant observé, quatre jours avant que le pont tombast, que le corps massif de maçonnerie de ladite pille, toutes les testes des faces extérieures et voulsoirs des arcades desdites deux arches, le cordon au-dessus du couronnement desdites arcades, toutes les plintes, claveaux des croisées et entablements desdites maisons étoient saines et entières, que rien ne nous paroissoit se détacher ni fractionner, principalement les liaisons et les couppes des pièces géométriques des testes desdites arcades, ni leurs escoinsons n'étoient point disjoincts, separez ni laschez en tout le pourtour de leur circonférence, qu'il n'y avoit que la cause du deffaut qui nous estoit caché à plus de vingt pieds d'hauteur d'eau auquel l'on ne pouvoit plus se précautionner pour lors que par les advis précédents des visites qui en avoient été faites cy devant.

Pour ce qui reste dudit pont qui sont trois pilles et trois arches portants et servants de fondation à trente maisons basties au-dessus d'icelles, sçavoir : quinze de chacun costé restées du débris, nous avons trouvé qu'aux deux dernières maisons du costé de la ruine, qui sont portées partie sur la troisième pille et sur l'arche attenant, il y a une fraction et ouverture de part en part en toute la largeur et espesseur de la voulte et arcade dudit pont qui paroist dessous comme dessus, et aux faces extérieures des testes desdites arcades se poursuivant tout le long du rein de ladite arche, laquelle ouverture très considérable est survenue par l'effort de ce sens, dix de chacun costé, sont tombées dans la rivière ; que la ruine et la chute desdites arches, pille et maisons ne procède que du deffaut et manque des pilotis sous la dernière pille, lequel pilotis a été emporté successivement d'année en année par la rapidité des eaux, quelques fois plus, quelques fois moins ; en telle sorte que la violence et le courant desdites eaux a miné peu à peu, et de temps en temps, le lict de la rivière à l'endroit où est fondée ladite pille, et a desgarni et emporté le terrain desdits pilotis, lesquels étant ainsi déchaussez et dégradez jusques, ou approchant le pied de leur fiche, sont restez à claire voye, vuides et sans soustien, de manière que le torrent des eaves et cette inondation dernière étant survenue, qui nous a paru si violente et extraordinaire, a entraîné ce qui restoit dudit pilotis et a causé en un moment la chute de ladite pille, qui n'avoit plus sa fondation, des deux arches de part et d'autre d'icelle, et la ruine desdites vingt maisons. A quoy l'on auroit pu obvier et remédier à des accidents de si grande conséquence si l'on s'étoit servi des advis qui ont été donnés d'année en année pour les visites d'experts qui s'en sont faites, mêmes l'automne dernière, qui est la dernière visite faite par les maîtres des œuvres des bastiments du Roy et autres experts conjointement avec eux, qui tous unanimement rapportent qu'il y avoit grand deffaut et péril à ladite pille, et que grande partie du pilotis manquoit, auquel manquement, si l'on y avoit remédié et travaillé conformément et suivant les sentiments et advertissements desdits experts, l'on auroit mis ladite pille en seureté et conservé ce qui est tombé dudit pont, les maisons, édifices au-dessus d'iceluy, et sauvé plusieurs personnes qui grand corps et de cette masse de bastiments tombez tout à coup dans la rivière qui ont ébranlé et attiré ladite pille, l'ont séparée et disjointe de ladite arche, en sorte que ladite pille tire au vuide et déverse du costé de la ruine.

Plus, en la quatrième maison de suite, du costé d'aval l'eau, nous avons encore trouvé une ouverture sur la même arche qui ne nous a paru de longueur quant à présent que de la profondeur de la maison qui est environ de quatre toises et demye. Nous avons aussi remarqué qu'en quelques maisons de la troisième arche quelqu'un des appuis de pierre de taille des boutiques se sont détachés des jambes estrières, qui marquent d'abondant que ladite troisième arche a beaucoup souffert de l'ébranlement qu'elle a eu, et fait que nous ne pouvons donner entière assurance de la seureté, d'autant que la solidité de son fondement dépendant en partie de ladite troisième pille qui est défectueuse n'aiant plus sa première fermeté et de l'ouverture cy dessus rapportée, nous ne pouvons derechef donner certitude de la subsistance et durée de ladite troisième pille et troisième arche, ni des maisons basties sur icelles qui sont au nombre de cinq de chacun costé. Ce n'est pas que partie des pierres, libages et moilons provenants de la ruine dudit pont qui sont tombées dans la rivière ne puissent accoster et soustenir par le dehors tout le long du flanc le pied de ladite troisième pille ; mais ce n'est qu'au dehors et non par dessous le corps massif de maçonnerie de ladite troisième pille dont nous ne pouvons présentement esclaircir ni rapporter au vray en quel estat est cette fondation composée de pilotis, potines et platteforme, ni dire non plus ce qui reste que ce qui a esté emporté de pilotis, attendu la trop grande hauteur d'eau d'à présent qui nous empêche cette cognoissance.

Pour les deux autres pilles et les deux arches qui suivent ladite troisième, nous n'appercevons rien de défectueux, à ce qui nous paroist au dehors et au dessus des eaues, seulement nous avons mémoire qu'aux dernières visites qui ont été faites il manquoit quelques pilotis aux deux avant becs d'amont l'eau, qu'on proposoit de revestir l'esperon de charpenterie et autres ouvrages pour la conservation des deux pilles.

Semblablement nous avons visité les maisons qui sont en retour d'aisle aux deux bouts et des deux costés dudit pont, lesquelles sont au nombre de dix-huit maisons, de chacun costé desdites aisles, avons trouvé que la plus grande partie des murs de refend desdites maisons sont fractionnez et entr'ouverts, que lesdites fractions et ouvertures ne sont point arrivées par les innondations dernières, mais qu'elles sont et paroissent auxdits murs depuis quatre, cinq à six ans en çà, ainsi que nous avons recogneu qu'elles n'étoient point nouvellement faites, ce qui nous a été confirmé et assuré des locataires qui occupent lesdites maisons.

Nous avons ainsi observé que le bas et les souspantes desdites maisons estoient presque noyées des eaues, ce qui a causé quelques ouvertures que l'effort desdites eaues a fait aux murs de face du costé de la rivière, en quelques endroits desdites souspantes, néantmoins en toutes les trente-six maisons qui composent lesdites deux aisles nous n'appercevons point par l'inspection qui nous paroist au dehors que rien se détache des façades extérieures desdits bastiments, ne pouvant juger quant à présent de la fondation des pilliers et arcades qui portent le derrière desdites maisons du costé de la rivière à cause de la hauteur des eaues.

On trouve, au département des Manuscrits de la Bibliothèque Nationale (Mss fonds français 21.698. pp. 100-106) un imprimé de l'époque, peut-être unique aujourd'hui. en tout cas complètement ignoré, d'où nous avons extrait quelques curieux alinéas concernant

La perte du Pont-Marie en 1658

contenant les noms et enseignes des maisons et des habitants qui se sont sauvés ou qui « sont péris. »

Du côté du quai Bourbon

La première maison appartenant à M. Bordier de Rainey était occupée par le sieur Frezon, notaire, etc.

LE GRAND CORNET. — La deuxième maison appartenant audit sieur de Rainey était occupée par Rémy Malbeste, marchand quincaillier, etc.

L'ÉCHANGE. — La troisième maison appartenant audit sieur de Rainey était occupée par Dupuy coutelier ; lui, sa femme et un enfant en maillot ont été sauvés ; il a tout perdu. — Au premier bouge, dame Marie, garde des malades de la paroisse, sauvée : elle a tout perdu, etc.

LA TOUR D'ARGENT. — La quatrième maison appartenant audit sieur de Rainey, etc. — En la première chambre, Songé, cordonnier et sa femme, perruquière sauvés ; tout perdu. Au premier bouge Frémine, veuve d'un arracheur de dents, sauvée ; tout perdu.

LA LUNE. — La cinquième maison *idem*... qui était ci-devant occupée par Nicolle fruitier : la boutique était fermée et personne n'y demeurait.

LES DEUX COUTELAS. — La sixième *idem*... était occupée par Guillebaut fourbisseur, lui, sa femme et un fils de 17 ans sauvés : il a beaucoup perdu et quoiqu'il ait sauvé quelque chose c'est une des pertes les plus considérables. En la deuxième chambre la dame Petit, veuve d'un peintre, périt après avoir sauvé ses enfants, en retournant pour sauver quelque chose de ses biens. Il y a un an que son mari fut noyé : elle laisse cinq enfants.

LE PIGEON BLANC. — La septième maison appartenant, etc. En la quatrième chambre Cochois, savetier, et sa femme sauvés ; tout perdu.

LE MARTEAU D'OR. — La huitième maison, appartenant à M. le président de Bretonvilliers, était occupée par Guillaume Chapelier, potier d'Etain, lui, sa femme, un petit enfant en nourrice et son garçon qui sortit tout nu, sauvés : tout perdu, la perte considérable. — En la première chambre, le nommé François Remi, visiteur de caves et sa femme étaient couchés ailleurs : ils ont perdu peu de chose. En la quatrième chambre la dame Buault, elle et deux garçons jumeaux de cinq mois qui *n'y couchaient plus*, sauvés (!!) tout perdu.

LE PERROQUET. — La neuvième maison appartenant au président de Bretonvilliers était occupée par Jean Martin éperonnier.

Le Grand Gibbon écossais. — La dixième maison appartenant au président de Bretonvilliers était occupée par la dame Cochois lingère, elle et sa fille de boutique âgée de dix-huit ans et son fils fourbisseur, âgé de seize ans, qui louait sa boutique (sic) sauvés. Ladite Cochois est veuve depuis six mois ; encore qu'elle ait recouvré quelque linge, sa perte est des plus considérables : elle avait en pension un écolier qui étudiait en théologie, lequel est sauvé, mais a tout perdu.

Du côté du quai Dauphin

La première maison appartenant à M. de Bretonvilliers, supérieur des séminaires de Saint-Sulpice, était occupée par Feret notaire, etc. — La seconde chambre dudit Feret était occupée par M. Leduc huissier, tout perdu : lui, sa femme et son petit enfant âgé de sept ans sauvés.

Le Dauphin. — La deuxième maison appartenant au sieur de Bretonvilliers, occupée par Renouard potier d'Étain, etc.

Le Pot d'Étain — La troisième maison appartenant au sieur de Bretonvilliers.

En la première chambre était logé le sieur de Beauregard du Plessis-sur-Seine, lui et sa femme sauvés. — En la deuxième chambre le sieur de Servois ci-devant lieutenant criminel de Sens était sorti.

Le Cheval Blanc. — La quatrième maison appartenant à M. le président du Bailleul occupée par Delarivière fruitier, etc. — En la troisième chambre le sieur Mallot épicier et deux enfants péris, sa femme sauvée, tout perdu : elle a un fils de dix-huit ans en apprentissage. En un bouge Thierry, portier de M. de Bretonvilliers père.

La Cloche. — La cinquième maison appartenant à M. Le Ragois était occupée par Marc Antoine Prestre quincaillier qui tenait toute la maison : lui, sa femme et deux garçons sauvés : la perte est très considérable.

Le Croissant. — La sixième maison appartenant à M. Le Ragois était occupée par Dupuis éperonnier, etc.

Le Chapeau royal. — La septième maison appartenant à M. le président Gallard était occupée par Collet chapelier, etc.— En la première chambre dame Marie, vendeuse d'eau-de-vie, périe : tout perdu ; elle a laissé une fille âgée de vingt-deux ans qui s'était retirée dans la rue Saint-Jacques. Dans un bouge le nommé Louis Graveur logeait depuis quatre jours en la rue Saint-Jacques.

Le Petit More. — La huitième maison appartenant à M. le président Gallard était occupée par François Kegu parfumeur, lui, sa femme et cinq enfants et la servante étaient à la foire Saint-Germain. En la seconde chambre, le nommé Machine, lui, sa fille et sa servante étaient sorties il y a seize jours : la femme est la nourrice de M. le duc de Joyeuse ; ils ont tout emporté.

IMP. JOUVE ET Cⁱᵉ, 15, RUE RACINE, PARIS.

LA CITÉ

Sociétés d'études historiques et archéologiques des III⁰ et IV⁰ Arrondissements de Paris

La Société a été fondée en 1901 pour s'occuper tout d'abord des questions historiques intéressant le IV⁰ arrondissement. Par suite elle a étendu le cercle de ses études aux quartiers du III⁰ arrondissement.

BUREAU DE LA SOCIÉTÉ

Président : M. Henry Martin, administrateur de la Bibliothèque de l'Arsenal. — *Vice-présidents* : M. Georges Hartmann, membre du Comité des Inscriptions parisiennes ; M. Lucien Lambeau, secrétaire de la Commission du Vieux Paris. — *Secrétaire général* : M. Albert Callet, publiciste. — *Secrétaire* : M. Paul Hartmann. — *Archiviste* : M. C. Delaby. — *Trésorier* : M. Marchal.

PRINCIPAUX COLLABORATEURS (en outre des membres du bureau).
MM. Alcanter de Brahm, Augé de Lassus, E. Beaurepaire, Paul d'Estrée, Ph. Dufour, Funck-Brentano, M. H. Fucore, M. Gauthier, A. L'Esprit, Marcel Poëte, Léon Riotor, Ch. Sellier, Van Geluwe.

BULLETINS

Les bulletins de la Société paraissent régulièrement à chaque trimestre, contiennent plus de cent pages chacun, d'articles variés, de documents inédits, et de nombreuses illustrations d'après des estampes anciennes.

COTISATIONS

Les sociétaires acquittent une cotisation de 6 francs par an, reçoivent les bulletins et prennent part aux conférences et aux visites de monuments, organisées par le Comité de la Société.

ADHÉSIONS

Les adhésions sont reçues chez M. Marchal, trésorier, bureau militaire, à la mairie du IV⁰ arrondissement (entresol, escalier A), place Baudoyer, 2, Paris.